기억이
머문 자리

김경수
시집

시간을 견디며 쓰다 만 편지

기억이
머문 자리

바른북스

시인의 말

스무 해 전,
나는 조용한 저녁 책상 앞에 앉아
문득 마음에 머문 말을 적기 시작했습니다.

그 말들은
그리움에서 시작되어
외로움과 고요,
때로는 희망을 지나
작은 빛이 되었습니다.

그 빛들이 모여
이 시집 한 권이 되었습니다.

화려한 기교도,
극적인 이야기들도 없습니다.

그저 일상의 순간들,

지나간 계절과

혼자 견뎌낸 시간의 무늬가 있을 뿐입니다.

오랜 시간이 흘렀지만

그 시절의 내가 남긴 말 속에는

아직도 지워지지 않은 마음이 살아 있습니다.

이 시집이

누군가의 하루에

잠시 머무는 바람처럼 닿을 수 있기를 바랍니다.

2025년 여름
김경수

차례

시인의 말

1부
당신이라는 온기

사랑합니다 *12*
향기 곁에 머무는 날개 *13*
봄이라 부릅니다 *14*
햇살의 이유 *16*
싱그러운 그늘 속에서 *18*
그대를 처음 만나던 날 *20*
일곱 빛깔 사랑 *21*
느티나무 뒤에서 *22*
당신, 누구인가요 *23*
솔숲 끝 이슬 하나 *24*
작은 숨결 *26*

2부

고요히
스미는
그리움

가슴 아픈 꽃 **30**

그대, 나의 사람 **32**

달빛 아래 사랑 **33**

말하지 못한 이야기 **34**

그대의 향기 **35**

기다림 **36**

비는 기억을 지우지 못한다 **38**

손 닿지 않는 것들 **39**

어느 가을날 **40**

임의 발자국 **42**

저편 **43**

어떤 날의 외로움 **44**

그리움 **46**

찬 서리 내리는 밤 **47**

참 고운 사람 **48**

가을의 전설 **50**

3부

계절의 숨결, 바람의 결

고요한 아침의 햇살   54

초록의 계곡   56

아름다운 노래   58

봄날 한켠에서   60

세상에 하나뿐인 노래   61

계곡의 하루   62

빗물의 향기   64

봄비 앞에서 잠든 겨울   65

스며든 그대   66

한가위   67

가을의 시선   68

가을의 상처   70

정동진의 밤   71

가을이 슬픈 건   72

가을의 끝에서   74

시월의 마지막   76

늦은 가을의 아픔   77

눈 내린 오솔길   78

눈 속에 남겨진 빨간 기억   80

겨울의 끝자락   82

마지막 숨결   84

눈   85

겨울의 동반자   86

4부

삶이라는 이름의 강을 건너며

붉은 태양이 뜰 때 90

새벽 바다 92

마흔의 능선에서 94

지천명 96

그늘진 길 위에서 98

세상이 나를 속일지라도 100

이것이 인생이다 101

빗방울의 약속 102

흩날려도 서 있으리 104

춤추는 꼭두각시 106

심연의 아바타 108

나무로 살고 싶다 110

깊은 숲 너머 113

후기
인생은 미완성 – 쓰다 마는 편지처럼

1부.
당신이라는 온기

사랑은 손끝보다
먼저 닿는 마음의 떨림이었습니다.
당신이라는 이름 아래,
우리는 눈빛으로 시를 쓰고 있었습니다.

사랑합니다

저쪽 시간을 사랑이라 생각했는데
불현듯 넘어선 세월이 어느새 성숙해졌습니다
흐르는 강물이 몸을 맡기듯
그대 소용돌이가 꿈속을 날아 날아
호젓한 어느 시간을 지워가고 있습니다
허나 당신의 침묵은 거대한 반어법입니다
지울 수도 없고 달아날 수도 없답니다
어디에도 없는 무한세월은 꽃봉오리였습니다
꽃봉오리 내 가슴을 가득 채우고 있습니다
무릇 인생은 햇빛 속 열차처럼 달려갑니다
이 순간에도 당신의 그림자를 사랑합니다

향기 곁에 머무는 날개

나는 오늘도
작은 날개를 달고 당신을 향해 날아갑니다

숲길 가득 흐드러진 꽃들이
제 빛깔과 향기로 나를 부르지만
내 발길은 결국 당신 곁에 머물고 맙니다

당신의 향기는
어느 꽃보다 은은하고 깊어
내 마음속까지 스며들고
그 자태는 이슬 머금은 봄날처럼 눈부셔
두 눈을 오래 붙잡아 둡니다

나는 이제
당신의 향기에 취한 꿀벌이 되어
이 작은 날개로 더 이상 떠나지 못합니다
조용히, 당신 곁에 머물러
숨결 같은 이 순간을 살고 싶습니다

봄이라 부릅니다

이른 봄,
햇살보다 먼저 내 마음에 스며든 당신이 있었습니다
얼어붙은 나뭇가지에
첫 꽃눈이 올라오듯
고요히 다가온 당신은
말없이 내 안의 겨울을 조금씩 지워주었습니다

어느 날 문득
그대의 웃음이 내 안에 피어나고
따스한 숨결이
눈발 속 내 어깨를 덮을 때
나는 알았습니다
봄이 오는 것이 아니라
그대가 나를 봄으로 물들인다는 것을

그대는 다정한 바람처럼
말없이 지나가지만
그대 지나간 자리마다

새벽빛이 내려앉고
내 마음엔 꽃이 피어납니다

그래서 나는 당신을 봄이라 부릅니다
언제나 내 안의 계절을
다시 시작하게 해주는 사람

햇살의 이유

당신이 나의 햇살인 까닭은
가장 눈부시게 빛나서가 아닙니다
찬 바람 스며드는 겨울밤
온돌처럼 살며시 내 마음을 데우지만
그 따뜻함이 어쩐지
낡은 상처를 다시 스미게 하거든요

당신이 나의 햇살인 까닭은
누구보다 부드럽게 세상을 감싸서가 아닙니다
이른 아침 이슬을 머금은 잎사귀처럼
조용히 스며들어
작은 마음결마다
가느다랗게 금을 내기 때문입니다

당신이 나의 햇살인 까닭은
숨결 같은 따스함으로
내 깊은 곳을 살포시 어루만지면서도
가끔은 너무 눈부셔

눈을 질끈 감게 만들기 때문입니다

그래서 오늘도
내 안의 작은 거울 한켠에
당신의 햇살이
조용히 머물러
서늘함과 따뜻함을
함께 불어넣습니다

싱그러운 그늘 속에서

부드러운 손길에
잠결 속 눈을 떴을 때
싱그러운 그늘이
조용히 나를 감쌌습니다

그 그늘은 어쩐지
촉촉해 손끝을 조금 적셨고
나는 알 수 없는 두근거림에
잠시 숨을 고르며 머물렀습니다

푸른 잎 사이로
햇살은 살포시 춤을 추었지만
너무 눈부셔
눈꺼풀을 덜컥 닫아야 했습니다

당신의 맑은 향기는
내 가슴을 조용히 일으켜 세웠지만
그 순간,

가느다란 바늘로 콕 찌르는 듯
아릿한 설렘이 스며들었습니다

여전히 말없이
곁을 지켜주는 그 품 안에서
나는 오늘도
숨을 고르며
조금은 두려운 떨림으로
당신을 느낍니다

그대를 처음 만나던 날

그대를 처음 만나던 날
티 없이 맑고도 깊은 그 공기가 참 좋았어
달빛이 물결치던 연잎 가득한 연못가에서
기와의 그림자가 물 위에 잠기던 순간이 아직도 선명해

그대에게 술을 처음 따라주던 날
살짝 붉어진 볼에 머문 그 은은한 미소가 내내 마음에 남았어
소나무 숲 바람에 실려 온 향긋한 내음이
등불 아래 속삭이던 조용한 밤과 함께였지

그대와 처음 춤을 추던 날
살며시 전해지던 부드러운 떨림이 참 좋았어
대숲 사이로 스치는 바람 소리와 함께
꽃잎 흩날리는 마당에 울려 퍼진, 우리만의 리듬

일곱 빛깔 사랑

덩굴처럼 감긴 붉은 장미의 사랑
와인 한 모금, 입술에 번진 주황빛 사랑
반딧불 사이, 숨결로 부르는 황금빛 사랑
솔숲 바람에 기대어 피어나는 초록빛 사랑
이슬 따라 손등을 스친 파란빛 사랑
자정 바닷가, 파도처럼 쓸려온 남색 사랑
별무리 속삭이는 깊은 보랏빛 사랑

그렇게 내 사랑은
온통 당신의 빛으로 물들어 있습니다

느티나무 뒤에서

느티나무 뒤에 숨어
설레는 마음으로 바라보았습니다
아침이슬 머금은, 고요히 웃는 당신을
그 순간이 나만의 마음이길

골목 끝, 가로등 불빛 아래
바람결 따라 스며든 당신의 속삭임
내 귓가에 피어나는 노래여
그 울림, 나만의 비밀이기를

당신이 떠난 자리에 홀로 남은 찻잔
그 따스함 속에 머물던 손길
가슴 속 온기여, 봄빛 되어 다시 피어라

당신이 건넨 싱그러운 미소에서 알았습니다
햇살로 덮인 이불 같은 당신의 마음
그 따스함, 내 삶의 숨이 되어

당신, 누구인가요

어느 날 깊은 잠에서 깨어
문득 한 여인이 내 곁에 있었습니다
달빛 스며든 대청 위로 다가와
나를 조용히 깨운 당신, 누구인가요

어두운 골목을 헤매던 밤
가벼운 웃음으로 길을 밝혀준 여인이 있었습니다
등불 아래 흐르던 은빛 속삭임 따라
나를 이끌던 당신, 누구인가요

서늘한 방 안에서 앓고 있을 때
부드러운 손길로 내 아픔을 덮어준 여인이 있었습니다
쑥과 생강 향 그득한 온돌 기운 속에
나를 어루만진 당신, 누구인가요

솔숲 끝 이슬 하나

산등성이를 타고 감도는 옅은 물안개는
오래된 추억의 저편에서
감정을 살며시 흔들어 놓으면서도
가끔은 길을 잃게 만들곤 합니다

솔숲 끝자락에 맺힌 작은 이슬방울은
맑아 보여 손끝에 살포시 얹었습니다
그러나 차갑게 스며들어
마음 한켠 먼지를 아리게 씻어내었습니다

한겨울 볕이 얼음 위로 스며들 때면
나는 조심스레 작은 희망을 두 손에 받다가도
그 희망이 너무 가벼워
손가락 사이로 빠져나갈까 두렵습니다

맑은 개울을 따라 속삭이는 물소리는
조용히 나를 깨웁니다
그리고 새로운 하루로 이끌지만,

그 속삭임엔 어쩐지 작은 떨림이 숨어 있어
나를 잠시 멈춰 서게 합니다

이 모든 풍경이 스쳐 지나가도
결국 나를 사랑하게 만든 건
마음 깊은 곳, 묘하게 허전한 그 자리에
언제나 머물던 당신뿐이었습니다

작은 숨결

깊은 계곡에 떨어진 빗방울 하나도
산새의 울음 따라 생명의 숨결로 번지네

깊은 산속에 떨어진 낙엽 한 장도
이슬 머금고 차갑게 떠오른 그리움 되리

눈 덮인 대지에 피어난 작은 꽃 한 송이
희망의 불빛 되어 조용히 타오르리

내 안에 스며든 당신의 잔잔한 미소
그 사랑의 잔향은 오래도록 머무르리

2부.

고요히 스미는 그리움

이별은 끝이 아니었습니다.
어느 결엔가 내 안을 채운 침묵의 언어였죠.
외로움이 긴 밤을 지나면,
당신의 이름이 눈처럼 내려왔습니다.

가슴 아픈 꽃

이른 아침, 온 우주가
봄비에 젖을 때

문득 한 조각 추억이
차가운 빗방울을 타고
가슴으로 스며든다

그 추억이 이끄는 곳
홀로 핀 꽃 한 송이
봄이면 내 마음에도
어김없이 피어나는 그 꽃이다

무성한 수풀이 꽃을 가리면
세상은 잠시 어두워지고
그 꽃을 찾는 마음은
길을 잃고 만다

그러면, 그때처럼

또다시 슬퍼질 것이다

그녀의 여린 가슴 위로
사뿐히 내려앉던 봄의 향기는
꽃잎 위 고요히 맺힌 눈물로 남아
꽃은 조용히 고개를 떨군다

그래서
그 꽃을 바라보는 마음은
자꾸만 저려온다
보아서 가슴 아픈 꽃이다

그대, 나의 사람

비우려 해도 자꾸만 차오르는
그리움의 잔 속에
그대는 나의 사람입니다

애써 지우려 해도
다시 번지는 마음,
비어 있는 곳을 채우는 그 이름,
그대는 나의 사람입니다

속마음 깊이 남은 온기 위에
살며시 얹힌 숨결 하나,
함께 나누지 못한 이 자리,
그대는 여전히 나의 사람입니다

지나온 세월의 발자국을
가만히 쓰다듬으며
다가올 시간을 마음속으로 부르듯
흐르는 이 순간마다
그대는 나의 사람입니다

달빛 아래 사랑

깊은 밤
담장 너머 스며드는 달빛처럼
고요히 마음을 비추는 애절한 사랑이여

가만히 눈을 감으면
한겨울 눈 속에 기적처럼 피어난
개나리 꽃송이가 떠오른다
서늘한 공기 속에서도 숨결처럼 따뜻한
은은한 사랑이여

서리 밟힌 골목길을 천천히 걸을 때
살갗에 와 닿는 한 줌 바람에도
문득 당신의 온기가 스며든다
덧없이 애잔한 사랑이여

오늘도 나는
이렇듯 사소한 빛과 온기에 머물러
당신을 오래도록 그리워한다

말하지 못한 이야기

우리의 서글픈 사연은
당신의 눈물 속에 조용히 잠들어 있고
은빛 어둠이 내려앉은 밤
당신의 그림자가
내 가슴 깊은 곳에 드리워질 때
나는 문득, 이름 모를 쓸쓸함을 마주합니다

당신 눈망울에 고인
다 하지 못한 말들이
말없이 내 안에 스며들어
나는 천천히 안쪽으로 무너집니다

내가 당신에게 어떤 말도 건네지 못하고
당신은 내게 그 무엇도 받지 못한 채,
바람조차 멈춘 이 고요한 자리에서
나는 끝 모를 어둠 속으로
서서히 빠져듭니다

그대의 향기

그대의 향기는
그 자리에 조용히 머물러 있고
그대의 체온은
식지 않은 커피잔에 남아 있습니다

그대의 시선은
내 옷깃에 고요히 스며 있는데
이제, 그대의 목소리만
더는 들을 수 없습니다

나는 나뭇가지 사이로 흐르는
바람의 흐느낌에 귀를 기울이고
낙엽이 속삭이는 소리도 들어보지만
창가를 스치는 바람결 속에서도
그대가 돌아오는 소리는
끝내 들려오지 않습니다

기다림

나는 오늘도
주소 없는 편지를
우체통에 넣는다
답장을 기다리며

도시 불빛 아래
진동 하나를 기다린다

떠나간 여인을 생각하며
골목 담장의 달그림자를 본다
잊힌 기억을 더듬으며
젖은 안개 속 옛 노랫소리를 듣는다

나를 버리고 간 그 여인을
기다리는 건 슬픔이다
버려진 정류장의 빈 의자에 앉아
오지 않을 버스를 기다린다

인생은

오지 않는 것을

기다리는 것이다

그러나 나는 오늘도

문을 열고

희미한 빛을 기다린다

비는 기억을 지우지 못한다

봄비 속을 홀로 걷는 여인을 바라봅니다
촉촉이 젖은 그 눈망울에서
나는 문득 내 흔적을 더듬어 봅니다

멀어져 가는 여인의 뒷모습 너머
스며드는 봄비 소리에
그녀와 마주했던 그날의 숨결을
다시 불러봅니다

창가를 타고 흐르는 빗물조차
결국 그녀의 기억만은 지우지 못합니다

차가운 창가에 머리를 기댄 나는
낡은 추억의 향기 속으로
조용히 스며듭니다

손 닿지 않는 것들

옆에 두고도 만질 수 없는
은빛 달그림자여

희망을 보고도 가질 수 없는
바람결 속 메아리여

달아나는 것을 알고도 잡을 수 없는
저문 숲 안개의 숨결이여

어느 가을날

어느 가을날
문득, 말로 다할 수 없는 외로움이 스며듭니다
등받이에 몸을 기댄 채,
주위를 둘러보아도
빈 사무실엔
떠나버린 사람들의 자리만 가득합니다

허무가 꼬리를 물고 따라오고
무심코 손에 쥔
식은 커피잔을 들어
입을 대보지만
그 온기는 이미
식어버린 눈물 같았습니다

순간, 창가에 기대어
조용히 바깥을 바라봅니다
해질녘 어스름한 하늘 아래
가을비가 조용히 내리고

유리창에 맺힌 서글픈 빗물
한 줄기 눈물처럼 흐릅니다

검푸른 창문 너머에서
스며드는 쓸쓸한 기운이
내 어깨를 천천히 짓누를 때
긴 한숨 하나가
조용히 흩어집니다

임의 발자국

임은 떠나셨습니다
머나먼 그 길 끝, 지금 어디쯤이신가요
소복이 내린 날의 발자국
나는 오늘도 그 앞에 멈춰 섭니다
다시 오마 하시던 그 약속
아직도 마음속에 머뭅니다

임은 오시지 않았습니다
지금 어디쯤 지나고 계실까요
기다림은 깊어만 가고
그대 남긴 발자국마저
바람에 흩어지고 있습니다
나는 여전히 그 자취를 좇아
한없이 길 위를 헤매고 있습니다

저편

눈보라에 흩어진 나의 꿈들이여
가을비에 젖은 청춘의 기억들이여
구름 사이로 스며든 한 줄기 빛처럼
멀리서 나를 지켜보던 그대여

어떤 날의 외로움

비 오는 오후,
낯선 동네의 무명 카페 창가에 앉아
가만히 사람들을 바라본다

창 너머 지나가는 우산들,
젖은 신호등 불빛이
내 안의 공허를 어렴풋이 비춘다

커피는 식어가고
이어폰 속 노래는 멀어지지만
그 무엇도 내 마음을 데우진 못한다

어딘가로 바삐 걸어가는 사람들 틈에서
나는 그저 한 자리에 앉아
외로움을 목에 걸고 있다

누군가와 한마디 나눴다면
무언가 달라졌을까 싶다가도

이 정적이, 나쁘지만은 않다

오늘의 외로움은
누구에게도 들키지 않은 채
천천히, 조용히,
나를 지나간다

그리움

눈을 감으면
당신 얼굴이 물안개처럼 번져오다
멀어질수록
더 또렷해지는 그 미소

당신의 목소리가 밤의 숨결을 타고
고요를 헤치며
내 안을 조용히 덮어 갑니다

오늘도 당신 곁을 맴도는 내 마음
그림자 되어 스미지도 못한 채
저물녘 바람 속에 머뭅니다

찬 서리 내리는 밤

찬 서리 내리는 밤
외로운 기러기 한 마리
하늘가에 울음을 흩뿌리고

마을 어귀 돌담 곁
빗방울 머금은 양귀비꽃
고개 숙여 눈물짓고

해 기운 노을빛 스며
조각구름도 발갛게 물들어
서럽게 울음 삼키고

그대를 그리워한 밤,
세상에 지쳐 흐느낀 날,
속절없이 흘러가는 세월 앞에
덧없이 저려오는 이 가슴

참 고운 사람

나른한 오후,
햇살 한 줌 머문 창가에
숨결처럼 스며와
생을 속삭이던 그대

싱그러운 웃음으로
별을 불러내던
참 고운 사람이 있었다

찬 기운 감도는 벌판에 머물다
지친 어깨를 살포시 어루만져 주던
따스한 마음으로
안식을 건네던
참 고운 사람이 있었다

따분한 나날 속
여름밤 별빛 아래
희망을 노래하듯

내 마음에 비추던
초록 눈빛으로
내일을 밝혀주던
참 고운 사람이 있었다

겨울 달그림자 드리운 긴 어둠에도
작은 꿈의 불씨를 켜둔 채
삶의 뜻을 가만히 품어
일으켜 주던
참 고운 사람,
여전히 내 안에 있다

가을의 전설

적막한 들판을 헤매던
내 오래된 꿈은
떠돌이 나그네의 전설이 되었네

문득 스며든 가을 향기가
잊힌 기억 하나를 다시 불러낸다

삶의 무게에 파묻힌
청춘의 약속들은
먼지 낀 일기장 속에 고요히 잠들어 있지만

이 계절 앞에 서면
그리움만 더욱 깊어져 간다

가을산책 ⓒ 김경수

3부.

계절의 숨결, 바람의 결

햇살과 비, 눈과 바람이
지나간 자리마다 시가 피어났습니다.
계절은 말이 없지만,
그 침묵은 오래도록 마음을 움직였습니다.

고요한 아침의 햇살

소복이 쌓인 눈 위로
가만히 햇살이 내려앉습니다
숨죽인 채 반짝이는 눈부심 속을
두 사람 손을 잡고 걸어갑니다

그들의 낮은 속삭임과
조심스레 남긴 발자국마저
햇살은 살포시 덮어두고
고요를 더욱 깊게 합니다

저만치서 눈을 굴리며 웃는
아이들의 목소리,
포근한 눈 속에 스며들어
은빛 미소로 다시 피어납니다
그 미소는 눈 위에
살포시 새겨집니다

계곡마저도 햇살을 품은 채

우리 발자국을 눈 속에 아로새깁니다
이 고요한 아침,
아득히 빛납니다

초록의 계곡

8월의 초록이 계곡의 옷고름을 풀고
차가운 물길에 살포시 입 맞출 즈음
수줍은 오리 두 마리 눈 맞아
함께 자맥질을 시작하면
어느새 백로 한 마리 홀로 날아와 참견한다

엄마 손 꼭 잡은 아이가
징검다리를 조심스레 건널 때
물속 수양버들이 살랑이며 손을 흔들고
늙은 사공의 노 젓는 노랫소리
늦은 오후 졸던 숲을 살며시 깨운다

먹구름의 질투에
굵은 빗방울이 잠시 땅을 적시면
솥뚜껑에 전 부치던 아낙네의 발걸음만 분주해지고
등나무 그늘 아래 눈 맞추던 연인들은
갑작스레 모여든 사람들 틈에 살짝 밀려난다

사람들로 북적이는 장터에서
장국 한 그릇 뚝딱 비워내고 나면
너와지붕 위에 물먹은 이끼는
다시 햇살에 반짝이고
계곡의 초록은
더욱 깊고 짙어만 간다

아름다운 노래

초록 잎에 맺힌 이슬
고요한 아침 햇살을 머금고
반짝입니다

산 너머 검은 구름이
잠시 그 빛을 가리는 동안

계곡을 휘도는 거센 바람에
한 잎 이파리 툭 부러져
슬픈 노래로 흘러갑니다

깊고 무거운 먹구름은
벼락처럼 울부짖고

하늘의 눈물이 마른 사이
구름 틈 비집고 스며든
한 줄기 햇살이

다시금

아름다운 노래가 됩니다

봄날 한켠에서

바위틈 사이로 스며드는 바람결이
보랏빛 꽃잎을 살포시 간질입니다

흰 꽃잎 흩날리는 봄바람 속에서도
향기를 따라 바삐 움직이는 개미들은
아랑곳없이 제 갈 길을 갑니다

분수대에서 피어난 물보라는
계곡을 타고 달려온 산들바람에 흩어지고

사람들 떠난 나무 그늘 아래
까치들만 분주히 날갯짓을 이어갑니다

세상에 하나뿐인 노래

폭풍이 몰아치고
비바람이 스쳐 가도
늙은 느티나무는 묵묵히
자신만의 인생을 노래합니다

새벽이슬을 머금은
연초록 이파리는
고요히 꿈을 속삭입니다

따사로운 햇살에
반짝이는 물방울은
조심스레 희망을 이야기합니다

그리고 바람결에 흔들리는 꽃잎에 스민
당신의 은은한 향기는
세상 어디에도 없는 노래가 되어
내 가슴 깊은 곳을 울립니다

계곡의 하루

아침, 물방울 머금은 초록의 유혹에
물안개 사이로 얼굴 내민 태양은
부끄럼처럼 살며시 붉어진다

나뭇가지 사이 흩어지는 햇살은
늦잠 자는 직박구리의 눈을 간질이고

이슬 머문 아카시아 향기 따라
푸른 물에 풍덩 빠지면
계곡을 헤엄치던 버들치는
아침 햇살 거슬러 힘차게 오른다

서쪽 하늘에 맴도는 검은 구름의 심술에
온종일 노닐던 태양 얼굴 어두워지고

계곡 사이를 오르내리는
사람들의 발걸음 소리에
새끼 다람쥐는 숨죽인다

사람들의 발길이

맑은 계곡물 위에 물결을 남기면

갈 길 잃은 어름치는

가쁜 숨 몰아쉬며

조용히 몸을 숨긴다

빗물의 향기

파란 하늘에 머문 물방울이여
그대의 상큼한 숨결을 오롯이 남기네
한 줄기 바람결에 번지는 그리움,
향기 되어 퍼지리

이파리 위에 머무는 물방울이여
그대의 고운 미소가 고요히 머무르네
소슬비 속에 숨겨진 온기 한 줄기,
향기 되어 머금으리

초록빛 계곡물에 쉬어간 물방울이여
그대의 은은한 속삭임을 달빛 아래 품네
밤새 흐르는 강물에 실린 작고 큰 이야기,
향기 되어 나를 잠재우리

봄비 앞에서 잠든 겨울

가지 끝에 매달린 마지막 눈송이는
아직 겨울의 숨결을 고스란히 품고 있습니다

어제 스쳐 간 봄비가 살며시
봄의 소식을 대지에 적십니다

겨울 내내 묵혀 두었던 슬픔들은
조용히 녹아 땅속 깊이 스며들고
그 자리에 연둣빛 숨결이
조심스레 피어나려 합니다

사랑이 있어 더 적막해진
한 남자의 발걸음은 오늘따라 무겁습니다

부드러운 햇살 속에서도
여인의 마음은 좀처럼 가눌 수 없습니다

스며든 그대

술잔에 스며든 그대의 온기를 느꼈네
달빛 머문 잔 끝에 고요히 앉은 그리움

갓 끓인 커피 향기 속에 당신이 머물렀고
목련 잎새를 스치듯 다가온 부드러운 손길

빗물 머금은 유리창 너머
조용히 흘러온 그대의 슬픔
빈자리의 공허 속,
가을 이슬로 맺힌 아픔을 나는 압니다

한가위

깊고 푸른 밤하늘을 가로지르는
둥근 보름달은
풍요로운 빛으로 가득하다

사과꽃 향기 머금은 가을바람은
조용히 고향길을 감싸며
여유로운 숨결을 내쉰다

또다시 찾아온 한가위 밤,
여인은 술잔에
그리움을 살포시 띄운다

그 곁에 선 남자는
그녀의 향기에
천천히 물들어 간다

가을의 시선

짙푸른 하늘 아래
붉게 타오르는 잎새 하나,
바람결에 흔들릴 때
가을은 조용히 시작된다

황금빛 들판 사이로
볕이 기울고
구름은 은은히 타오른다

나뭇가지 끝에 맺힌
작은 붉은 숨결들
그 안에도 계절은 물들어 간다

그리고
한 여인의 붉은 입술에
눈길을 멈춘 남자의 시선,
그 안에도 가을이 물들었다

잎새보다 짧은 순간이었지만
그 응시에는
낙엽처럼 타오르는 마음이 있었다

바람은 쪽빛으로 물들고
저녁은 바다처럼 깊어지며
대지 위엔 붉은 주단이 펼쳐졌다

그 모든 풍경은
가을의 또 다른 이름이었다

가을의 상처

창틀 사이로 숨어든
가을 자객의 비수에
심장은 조용히 상처 입고

붉은 잎 떨구는 나뭇가지는
내 눈물샘을 자극한다

피로 물든 대지가
높고 푸른 하늘을 시샘할 즈음

낙엽 구르는 들판에
홀로 남겨진 나는
외로움을 견딜 수 없다

그래서일까
가을은
유독 이렇게 아픈가 보다

정동진의 밤

겨울비 내리는 어스름한 저녁
차가운 바닷바람을 가르면서 열차가 떠나간다
먼바다를 바라보는 어느 여인의 눈망울엔
서글픈 아쉬움이 스며져 간다
철로를 따라 서 있는 소나무들 사이로
우산 속 연인들의 눈빛은 깊어져 간다
역내에 앉아 깊은 담배 연기를 호흡하고 있는
중년 남자의 주름에는 회한의 골이 깊어져 간다
정동진의 파도 속에 모든 이의 격정과 슬픔이 잠들어 간다
이렇게 정동진의 밤은 깊어져 간다

가을이 슬픈 건

가을이 슬픈 건
모든 걸 품지 못하기 때문이다

봄의 꿈으로 문을 연 계절의 정령은
텅 빈 주머니, 절반도 채우지 못한 채
쓸쓸한 들녘에 발을 들인다

그래서 더 슬프다
무엇이든 다 가질 수 없다는 걸
너무도 잘 알고 있어서

가을이 슬픈 건
시간이 그리 많이 남지 않기 때문이다

봄과 여름은
한없이 길게 느껴졌건만
가을은 찰나처럼 스쳐 가고
겨울바람은 벌써 문틈을 두드린다

그래서 더 슬프다

남은 시간마저 꿈처럼 날아갈까 두려워서

가을이 슬픈 건

조금은 성숙해졌기 때문이다

봄의 숨결을 품고

여름의 불꽃으로 자라난

탐스런 열매는 이제 안다

자신의 무게로 가지를 휘게 하며

마침내 내려와야 한다는 것을

그래서 더 슬프다

익을수록 고개 숙이는 법을

배워버려서

가을의 끝에서

가을의 자취를 따라
천천히 발걸음을 옮긴다
앙상한 나뭇가지 스치자
슬픔의 기척이 따라오고
한 걸음 옮길 때마다
어디선가 스며드는 소리에
가슴이 천천히 내려앉는다

봄바람 속에 속삭였던 사랑도
이제 낙엽처럼 흩어지고
어스름한 늦가을은
마지막 숨을 내쉬며
겨울을 부른다

차가운 가을비가
말없이 나를 적시고
눈가에 맺힌 물방울은
가슴속 깊이 스며든다

지우지 못한 사연은
서릿발처럼 마음을 얼리고
당신의 미소 담긴 기억조차
서서히 씻겨 내려간다

가을은 이제
간직했던 마지막 눈물마저
흩날리며
고요히 숨을 거둔다

시월의 마지막

차가운 바람 스친 이파리에도
어느새 생채기 하나 남고

쉴 틈 없는 세월의 급류 속에
기댈 마음 하나 없이
떠내려가네

서늘한 겨울 그림자
시월 마지막을 재촉하며 다가오고

붉게 타오르던 단풍잎 끝에서
또 한 해의 이별을 느끼네

늦은 가을의 아픔

창틀 사이로 밀려오는
차가운 가을바람이
붉은 석양빛 땅 위에
서릿발을 내리니

발가벗은 나뭇가지 끝마다
짙은 외로움이 맺혀
바람결에 속삭이는 듯하다

높아진 파란 하늘 아래
주홍빛 대지는
갈 곳 잃은 낙엽으로
벌판을 물들이네

저문 들녘에 홀로 선 나는
달빛보다 희미한 숨결로 떨고 있고
그래서 가을은, 이토록
마음 깊숙이 아픈가 보다

눈 내린 오솔길

눈 내린 오솔길에 새겨진 발자국 하나
한옥 대청 기와 끝에 떨어진
눈꽃처럼 고요합니다

그 발자국은
소나무 숲길에 스며든
서릿발 같은 침묵과 함께
쓸쓸히 이어집니다

고즈넉한 사찰 종소리 울리는
겨울 공기 속에서,
과거를 향해 걷는 작은 오솔길 위에
그 발자국은
온돌 방바닥에 전해지던
발바닥의 온기를 닮아 있었습니다

그 길이
누구의 추억을 품고 가는지

누구의 아픔을 싣고 가는지
문득 서늘한 달빛 아래서 생각해 봅니다

따라가고 싶지만 갈 수 없는
눈 내린 오솔길
골목 가로등 불빛에 번진
마지막 그림자만이 남았습니다

눈 속에 남겨진 빨간 기억

어제 흰 눈이 펑펑 내렸습니다
그녀의 사랑도 함께 내렸습니다

흰 눈을 크게 뭉쳐
아름다운 몸을 만들었습니다
흰 눈을 가득 모아
하얀 얼굴을 만들었습니다

담쟁이 잎끝에 맺힌 서리
조용히 귓가를 스치더군요
고요한 눈꽃 잔향이
한동안 가슴에 맴돌았습니다

빨간 목도리를 벗어
그녀의 목에 살포시 감쌌습니다

이른 새벽 찬 공기 속
메아리처럼 번진 건

내 발자국뿐이었습니다

오늘 눈부신 햇살이 비쳤습니다
햇살 속에서 얼음처럼 고인 기억만
살짝 깜빡였습니다

남겨진 건
빨간 목도리 하나
그리고 마르지 않은 눈물뿐입니다

겨울의 끝자락

겨울 끝자락
앞마당에 눈이 내립니다

한옥 처마에 매달린 설화가
가만히 속삭입니다

소복이 내린 눈을 밟고
사랑이 찾아오고
나는 두 손을 내밀어
그녀를 맞이합니다

백옥처럼 흰 그녀의 얼굴이
달빛 가로등 아래 서늘히 빛납니다
뜨겁다 못해 차가운 손길을 품에 안고
문득, 사랑을 깨닫습니다

이른 새벽 창가에 맺힌 서리가
텅 빈 골목만 스치고

사랑은 눈물만 남긴 채 사라져
내 가슴엔 깊은 아픔만이 머뭅니다

마지막 숨결

길게 드리운 그림자 따라 걷는다
잎을 잃은 나무가
가만히 내 마음을 쓸고 간다

서늘한 기운에
숨결이 가늘게 떨린다
봄날의 속삭임은
어느새 바람에 흩어지고

스쳐 지나간 잎 하나,
저녁 빛에 젖어 낮게 운다
축축한 빗방울 아래
숨겨 둔 그리움이 번진다

이 마지막 숨결,
묵은 눈물을 흩뿌리며
조용히 멀어진다

눈

온 우주가 선녀의 옷깃 위에 내려앉는다
담장 위에 소복이 내린 우주는
드러난 여인의 어깨처럼 빛을 발하고 있다

산등성이에 쌓인 우주는 어느덧 천지를 덮고
하얀 우주가 우리를 포근히 감싸안는다

소나무의 높은 허리가 유난히도 곧아 보였다
산자락 개울물이 흐르다 말고 쉬고 있었다

새로운 아침이 처음 내린 흰 우주를 덮어주리라
온 세상에 하얀 새 옷 따듯하게 입혀주리라

겨울의 동반자

당신의 맑고 흰 숨결은
내 눈가에 스며
눈부시게 빛납니다

당신의 서늘한 사유는
굳은 마음결을 조용히 두드려 깨웁니다

포근히 내려앉은 당신의 무게는
메마른 가슴을 깊이 적셔
더 너른 풍요를 알게 합니다

고요히 빛나는 당신의 결은
내 삶의 감춰진 결핍을 살며시 채워 줍니다

당신은
겨울 들판에 홀로 서 있는 나를
다시 숨 쉬게 하는
오래된 동반자입니다

앞백묵장 이야기 ⓒ 김경수

4부.

삶이라는 이름의 강을 건너며

인생은 되묻는 여정입니다.
흔적을 따라 걸으며 나를 다시 만나는 길.
말갛게 투명해진 내면의 강물에서,
나는 다시 시작할 용기를 배웁니다.

붉은 태양이 뜰 때

새해 첫 아침,
한옥 처마 끝을 울리는 종소리처럼
맑은 햇살이 내린다

지난해의 그림자를
오색 연등 아래 내려두고
대청마루에 앉아 조용히 숨을 고른다

동해 너머로
붉은 태양이 천천히 떠오르고
파도 소리 안에 깃든 속삭임이
이슬 맺힌 기와 위로 스며든다

희뿌연 새벽빛을 따라 걷는 발걸음,
서리 내려앉은 길목에선
새로운 다짐이 이슬처럼 맺힌다

햇살은 겨울 들녘을 비추고

들판 위엔 말 없는 약속 하나
살포시 내려앉는다

온돌 위 데운 손바닥의 온기처럼
서로의 체온을 나누며
오늘의 시작을 가만히 마주한다

소나무 가지 위 눈꽃을
붉게 물들이는 첫 빛,
그 고요한 정열이
이 겨울을 지핀다

새벽 바다

태양이 떠오르기 전
새벽 바다는 깊은 침묵에 잠겨 있다

그 침묵을 가르는 파도 소리가
내 마음에 작은 동요를 부른다

갈매기 울음 섞인 소금 바람이
가만히 가슴을 스친다

부서지는 물거품 하나에도
묵직한 설렘이 인다

이 순간 잉태된 빛은
한옥 대청 위 등불처럼
은은히 번져 간다

거대한 바다 앞에 선 나는
새로운 역사의 탄생을 기다리며

조용히 숨을 고른다

차가운 물결 속에서 움트는
새해 첫 빛살이
머지않아 희망으로 떠오른다

마흔의 능선에서

마흔의 언덕에 서서
뒤돌아보니, 참 멀리도 왔구나

스무 살의 낭만은
안개처럼 저 멀리 흩어지고,
불꽃같던 서른의 정열도
이제는 산 너머 희미한 불빛 같구나

아직 올라야 할 정상은
아득히 어렴풋이 남아 있고,
내려설 길은
더는 보이지 않는다

마흔의 능선에 앉아
잠시 하늘을 올려다본다
구름 한 점
손에 잡힐 듯 떠 있고,
지나온 길은

깊은 계곡 아래로
작은 오솔길처럼 숨어 있구나

앞으로 가야 할 길은 더 가파르고
쉴 곳 하나 보이지 않지만,
여기서 잠시
숨을 고른다

지천명

지천명이 어느 메쯤인가
문득 뒤돌아보니
먼 발자국들이 저만치 흩어져 있구나

수줍던 첫사랑의 빛깔은
오래전 바람에 실려 가고
앞만 보고 달리던 해들은
능선 뒤로 살며시 사라지네

아직 걸어야 할 길은
아득히 휘어져 있는데
되돌아갈 길마저 이제 없구나

지천명 능선에 걸터앉아
고요히 하늘을 올려다본다
손에 닿을 듯 피어오른 뭉게구름
가만히 숨을 고르면
저 멀리 지나온 골짜기마다

묵묵히 나를 부르네

남은 길은 더 험하고
쉬어갈 바위 하나 없지만
이마에 스치는 바람마저
참 고마운 이 저녁이다

그늘진 길 위에서

뜨거운 햇살이
우거진 녹음을 가르며
쏟아지는 오후
나뭇잎 틈새로 스며드는
강바람 덕에
나는 조용히 숨을 고른다

강변을 달리는 차들은
열기를 토해내지만
오솔길 따라 늘어선
메타세쿼이아 그늘 아래
나는 벤치의 여유를 누린다

햇살은 눈을 가리고
소음은 귀를 막지만
내가 걸어야 할 길은
흐리지 않는다

이 길 끝에서
나는 다시 어제로 돌아가
오늘을 살고
내일을 향해
작은 굴레를 다시 돈다

저 산 너머에
내 꿈이 있으련만
산등성이를 오르는 발걸음엔
끝이 보이지 않고
오늘 걷는 이 길은
더디고, 숨차다

세상이 나를 속일지라도

세상이 나를 속일지라도
나는 눈물을
서둘러 닦지 않으렵니다

그 눈물
언젠가 대지에서 하늘로 올라
구름이 되고, 비로 내려
세상을 적실 때까지
조용히 기다리렵니다

세상이 나를 버릴지라도
마당 가에 떨어진
작은 감잎 하나조차
쉽게 잊지 않으렵니다

그 잎이 흙이 되어
새싹으로 돋아날 때까지
가만히 그 곁을 지키렵니다

이것이 인생이다

높고 높은 얼음산이 막아서도,
차디찬 바람 속 작은 불씨 지피며
내 손으로 길을 열어가리라

저리고 저린 아픔이 있어도,
봄눈 녹아 내 가슴에 스미듯
다시 한 걸음 내디디리라

깊은 절망에 빠져서도,
별빛 한 줄기 품고 어둠 뚫으며
이것이 인생이다

빗방울의 약속

초여름 소나기 속
빗방울 하나
창문에 스며 그대에게 약속하네

다시 꽃 피울 그날 위해
내 꿈에 물들겠노라

가을 서리 머문
낙엽 위 빗방울 하나
바람결에 흔들리며 다짐하네

세상 언저리를 비추어
내 존재를 밝히리라

겨울 끝 이슬처럼
어깨 위 빗방울 하나
젖은 옷깃 타고 내려와 속삭이네

삶의 마디마다 머물며
순리에 몸 맡기겠노라

흩날려도 서 있으리

비바람 몰아쳐도
날아가지 않겠다며
볼그레하게 웃던 너

무너진 담장에도 꿋꿋이 남아
한겨울 서리조차
포근히 안을 그 마음 같았다

혹독한 시련에도
쓰러지지 않겠다며
맑디맑은 눈물로 말하던 너

깊은 산 샘물처럼 맑게 흐르고
달빛도 가리지 못할
의지로 빛났다

오랜 세월 지나도
변치 않겠다며

살포시 손가락 걸던 너

흩날리는 꽃잎 같은 맹세로
천년의 소나무처럼
꿋꿋이 서 있었다

춤추는 꼭두각시

팽팽한 실에 이끌려
양손을 번갈아 흔들고
어깨춤이 절로 흥겨워질 즈음
오늘도 꼭두각시놀음이 시작된다

너의 실에 매달린 나는
춤의 뜻도 모른 채
억지웃음만 흘린다

너를 믿어도 될까

운명을 거슬러
손목의 실을 끊는 순간
슬픈 반항이 시작되고

벗어나려 몸부림칠수록
발목은 다시 실에 묶여
내 의지는

차가운 바닥 위에 흩어진다

그래서 이제,
나를 믿어도 될까

심연의 아바타

검푸른 심연,
그 깊은 곳에 손을 뻗어
너를 스치면,
너는 숨을 얻고
나는 피를 얻는다

너의 눈과 귀를 빌려
또 다른 나를 향해 길을 걷는다
그 여정의 끝,
그곳이 나의 종착역

복잡하게 얽힌 시간의 통로를 지나
거친 바위와 울창한 숲을 건너
창 하나, 의자 하나뿐인
조용한 방에 이르면,
마침내
또 다른 나를 마주한다

네가 내게 손을 내밀면,
나는 나의 내면을 들여다보고
너는 나를 통해
또 다른 세상을 본다

너는 나의 아바타
나는 너의 아바타

나무로 살고 싶다

서녘 끝에서 밀려오는
검은 발걸음에
겨울의 흔적이 산산이 흩어진다

그림자 한끝 움켜쥔 채
벌판에 홀로 선 나무를 마주하니
말없이 가슴이 젖는다

모진 바람에 속살 드러내고
세월만큼이나 옹이는 많아도
하늘을 받들며 땅에 선
그 생명을 보니, 벌써 눈물이다

검은 땅에 뿌리 내리고
하얀 세상을 꿈꾸며
모난 돌 하나 친구 삼고
밤이면 달과 연애를 한다

긴 밤 눈밭에서 홀로 지새우다
아침 햇살을 맞는 나무는
그 모든 시간을
자신의 몸에 고요히 새긴다

가을 여신의 유혹에
벌거벗겨지면
눈과의 입맞춤도
흔적 없이 사라진다

세상을 향한 짝사랑은
바람 한 줄기에 흩어지고
홀로 남은 나는 또 눈물이다

모질고 거센 바람에도
흔들리지 않게
이 황량한 땅에
깊은 뿌리 내리고 싶다

몸에 새겨진 숱한 추억을 떠올리며
또 다른 세상을 꿈꾼다

지금,

말없이 홀로 서 있다

나는,

나무로 살고 싶다

깊은 숲 너머

손끝에 미세한 떨림이 스칠 때
환상의 문이 조용히 열리고
영혼을 실은 기차는
허공을 가르며 달린다

노란 별빛 따라
하얀 기억의 터널을 지나
붉은 추억으로
파란 대지가 물들어 간다

그리움이 안개처럼 깔린
깊은 숲 너머
드디어
잊고 있던 나를 만난다

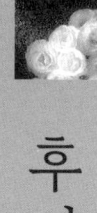

후기

인생은 미완성

– 쓰다 마는 편지처럼

창밖으로 여름의 열기가 밀려온다.
차광된 유리창 너머로 햇볕은 보이지 않지만,
답답한 공기는 사무실 안까지 들어와
나를 조용히 짓누른다.
길 건너 건설현장의 타워크레인이
창가를 지나갈 때면,
철골의 움직임에
창이 울리는 듯한 기분이 들고
나도 모르게 어깨를 움츠리게 된다.

하지만 때로는
그런 풍경조차 아름답게 느껴질 때가 있다.
해질녘 산 너머로 지는 노을과
역광에 비친 타워크레인의 실루엣이
겹쳐질 때면,

문득 셔터를 누르고 싶어진다.
늘 카메라가 없다는 사실이 아쉬웠다.

오늘은 그런 여유조차 없다.
오후의 더위는 에어컨도 이겨내지 못한다.
찬 바람 알레르기 탓에
강하게 틀 수도 없고,
껐다 켰다 반복하는 사이
내 몸도, 내 기분도 지쳐간다.
사무실 구석에 놓인 리모컨까지
걸어가는 것도 버겁게 느껴진다.

책상 위에는
처리하지 못한 문서들이 층층이 쌓여 있고,
컴퓨터 바탕화면엔
수십 개의 디렉터리와 파일들이 어지럽다.
한때 나는
정리를 잘하는 사람이라고 생각했지만,
이제는 정리하는 속도보다
어지러워지는 속도가 더 빠르다.
업무는 산더미처럼 쌓여 있고,
그보다 더 무거운 것은

몸과 마음의 피로다.

체력이 예전 같지 않다는 것을
인정해야 할 나이.
그러나 더 근본적인 문제는
지쳐 있는 정신이다.
가끔 사무실 한쪽에 기대어 있노라면
아무도 없는 방 안에서
문득 지금의 내 모습이 낯설게 느껴진다.

기억을 거슬러 올라간다.
1990년 여름,
서울을 떠나 대전 도마동으로 이사하고
한국화학연구원에 첫 출근을 했다.
정장 차림의 나는 다소 어색했지만,
낯선 공간에서 과학자로서
첫걸음을 뗐다.

그로부터 8년 후,
연구하던 동료들과 벤처기업을 창업했고
다시 4년 뒤에는
지금의 회사를 세웠다.

그 모든 과정에서
나의 목표는 단 하나였다.
"내 손으로 신약을 개발해 보겠다."

그 꿈을 품고 달려온 지 수십 년,
그러나 아직 이루지 못했다.
어쩌면 앞으로도 이루지 못할 것이다.
그렇다고 미련이 없진 않다.
다만 문득 깨닫게 된다.

그 꿈이
너무 컸던 건 아닐까.
나라는 그릇보다
더 많은 것을 담으려 했던 건 아닐까.
감당할 수 없는 꿈은
어느 순간부터 욕심이 되기도 한다.
그 사실을 인정하는 데엔
꽤 오랜 시간이 걸렸다.

세상은
내 의지만으로 바뀌지 않았다.
그렇게 치열하게 달려왔지만

결국 내가 할 수 있는 일은
유한했다.

어쩌면 이제
내가 해야 할 일은 분명하다.
더 이상 채우기보다,
하나씩 내려놓는 일.
나에게 남은 꿈들 가운데
감당할 수 없는 것들은
조용히 흘려보내는 일.

물론 아직은 어렵다.
이루지 못한 꿈을 내려놓는다는 건
그 자체로
마음이 무너지는 일이기도 하다.
하지만 인생이란
원래 쓰다 마는 편지 같은 것 아닐까.

누구나
자기 꿈을 다 이루고 사는 사람은 없다.
그렇기에
인생은 결과가 아니라

과정이라는 말을
이제는 가슴으로도
조금씩 이해해 보려 한다.

앞으로는
내가 감당할 수 있는 크기의 꿈만
조심스레 품고 살겠다.
그리고 지난 세월이
완성은 아니었을지라도
의미 있는 과정이었다고
나 스스로에게 말해주려 한다.

그날 오후,
정신이 몽롱해진 나는
책상에 엎드려 잠시 눈을 붙였다.
그때,
귓가에 흘러드는 노랫소리.

"인생은 미완성
쓰다가 마는 편지…"

2012년 6월의 기억

시를 써 내려가던 시간은, 나에게 치유의 시간이었습니다.

삶의 구석에서, 말이 되지 않았던 감정들을

시라는 언어로 꺼내 놓으며 나는 나를 다시 알아갔습니다.

이 시집이 독자 여러분의 내면에도

따뜻한 바람이 되어 닿기를 바랍니다.

어쩌면, 당신의 기억이 머문 자리에도

하나의 시가 조용히 피어나기를 소망합니다.

기억이
머문 자리

초판 1쇄 발행 2025. 9. 2.

지은이 김경수
펴낸이 김병호
펴낸곳 주식회사 바른북스

편집진행 김재영
디자인 양헌경
마케팅 송송이 박수진 박하연

등록 2019년 4월 3일 제2019-000040호
주소 서울시 성동구 연무장5길 9-16, 301호 (성수동2가, 블루스톤타워)
대표전화 070-7857-9719 | **경영지원** 02-3409-9719 | **팩스** 070-7610-9820

•바른북스는 여러분의 다양한 아이디어와 원고 투고를 설레는 마음으로 기다리고 있습니다.
이메일 barunbooks21@naver.com | **원고투고** barunbooks21@naver.com
홈페이지 www.barunbooks.com | **공식 블로그** blog.naver.com/barunbooks7
공식 포스트 post.naver.com/barunbooks7 | **페이스북** facebook.com/barunbooks7

ⓒ 김경수, 2025
ISBN 979-11-7263-552-7 03810

•파본이나 잘못된 책은 구입하신 곳에서 교환해드립니다.
•이 책은 저작권법에 따라 보호를 받는 저작물이므로 무단전재 및 복제를 금지하며,
이 책 내용의 전부 및 일부를 이용하려면 반드시 저작권자와 도서출판 바른북스의 서면동의를 받아야 합니다.